CHAMBRE DE COMMERCE DE REIMS

CONGRÈS

DE

L'ASSOCIATION POUR LA PROTECTION

DE

LA PROPRIÉTÉ INDUSTRIELLE

1re Session, Vienne 1897

RAPPORT DE M. Raoul CHANDON

Séance du 8 Novembre 1897

ÉPERNAY

IMPRIMERIE DU " COURRIER DU NORD-EST "

1897

CONGRÈS

DE

L'ASSOCIATION POUR LA PROTECTION

DE

LA PROPRIÉTÉ INDUSTRIELLE

1re SESSION, VIENNE 1897

RAPPORT DE M. RAOUL CHANDON

Séance du 8 Novembre 1897

ÉPERNAY

IMPRIMERIE DU " COURRIER DU NORD-EST "

1897

RAPPORT

SUR LE

Congrès de l'Association internationale pour la protection de la Propriété industrielle

Tenu à Vienne en Octobre 1897

PRÉSENTÉ PAR M. RAOUL CHANDON

LE 8 NOVEMBRE 1897

———

Vous m'avez fait l'honneur, Messieurs, de me déléguer à la Conférence qui a été tenue à Vienne du 2 au 8 Octobre dernier par l'*Association internationale pour la protection de la propriété industrielle*, et vous me permettrez, avant de vous retracer les travaux de cette assemblée, de vous témoigner ma sincère gratitude pour la faveur dont j'ai été l'objet de votre part.

Elle m'a fourni l'occasion d'obtenir mon admission dans une société composée en majorité des illustrations du barreau et des jurisconsultes les plus éminents des Etats concordataires adhérents à l'*Union* internationale, où les négociants, c'est-à-dire ceux qui apporteraient le contingent des connaissances pratiques en matière de brevets et de marques de fabrique, sont encore en petit nombre, et elle m'a permis de m'unir au groupe des Français dont les travaux en cette matière ont reçu une consécration nouvelle par l'adoption des conclusions de leurs rapports au Congrès de Vienne. Je vous en remercie.

L'Assemblée constitutive de l'Association, d'après le programme qu'elle s'était fixé, s'était imposée une double tâche à remplir : en premier lieu, faire connaître les avantages de l'*Union* internationale pour la protection de la propriété industrielle aux ressortissants des Etats adhérents, afin, dans la pratique, d'en propager l'application, et aux ressortissants des Etats non adhérents, afin de déterminer dans ces pays un mouvement d'opinion qui ne manquerait pas d'entraîner les Gouvernements vers l'adhésion à l'*Union* ; en second lieu, de rechercher les modifications qui pourraient être proposées, d'après l'expérience acquise à la Convention de Paris de 1883 et à l'arrangement conclu à Madrid en 1891.

C'est dans ce but que l'Association internationale pour la protection de la propriété industrielle a tout d'abord formulé des vœux généraux tendant à faire ressortir la nécessité de l'*Union* internationale, et à l'unification comme au développement des législations intérieures ainsi qu'à la mise en pratique des droits légitimes des inventeurs et des commerçants. Elle a étudié en même temps les voies et les moyens pour parvenir au développement de l'*Union*.

Développement de l'UNION

Pour ce faire, le Congrès a décidé que le Comité exécutif de l'Association internationale achèverait de constituer des comités d'action dans tous les Etats susceptibles d'adhérer à l'*Union*, chacun de ces Comités devant rédiger dans le plus bref délai possible un rapport sur la situation actuelle de son pays, et sur les moyens pratiques de déterminer l'entrée de l'Etat dans l'*Union*. Pour les pays où un comité d'action n'aura pu être constitué, un autre comité national ou une personne compétente sera désignée par le comité exécutif pour rédiger le rapport et se maintenir au courant des mouvements de l'opinion. Le comité exécutif donnera aux différents comités l'appui dont ils auront besoin et, en soumettant au prochain Congrès les rapports nationaux, lui rendra compte des mesures prises et proposera les nouvelles mesures à prendre. Il a été également admis que, dès à présent, les comités d'action feraient le nécessaire, avec le concours du comité exécutif, s'il y a lieu, pour décider leurs Gouvernements respectifs à se faire représenter officiellement à la Conférence de Bruxelles.

Historique et Avantages de l'UNION

Grâce à la Convention pour la protection de la propriété industrielle, signée à Paris le 6 Mars 1883 entre la Belgique, le Brésil, l'Espagne, la France, l'Italie, les Pays-Bas, le Portugal, la Serbie et la Suisse, pour ne citer que les Etats qui sont restés dans l'*Union*, auxquels sont venus se joindre la Grande-Bretagne, la Tunisie et Saint-Domingue en 1884, la Suisse et la Norwège en 1885, les Etats-Unis d'Amérique en 1887 et le Danemark en 1894, les sujets ou citoyens de chacun des Etats contractants pouvaient s'assurer, dans tous les autres Etats de l'*Union*, les avantages que les lois respectives accordaient actuellement ou pourraient accorder par la suite à leurs nationaux moyennant certaines conditions qu'il serait trop long d'énumérer ici, et un office international était organisé à Berne sous le titre de *Bureau international de l'Union pour la protection de la propriété industrielle*.

Quelques années plus tard, à Madrid, avait lieu une Conférence de révision. On divisa les propositions en quatre protocoles distincts : l'un n'est pas entré en vigueur, les principaux Etats s'étant refusés à la ratification [1] ; mais les trois autres ont été ratifiés, les deux premiers par un certain nombre d'Etats qui ont ainsi formé des Unions restreintes, le troisième, qui concerne la dotation du Bureau international de Berne, a été ratifié par tous les Etats sauf la Serbie et la République Dominicaine, et faute de l'unanimité des ratifications, il reste encore en suspens.

Ces arrangements conclus à Madrid complétèrent la Convention de Paris en réglant la question de la répression des fausses indications de provenance sur les marchandises et en précisant le mode d'enregistrement international des marques de fabrique ou de commerce à Berne.

Vous n'ignorez pas, Messieurs, quels sont les avantages que présente cette *Union*.

Les sujets ou citoyens de chacun des Etats contractants peuvent s'assurer, dans tous les autres Etats, la protection de leur marque de fabrique ou de commerce, acceptées au dépôt dans le pays d'origine, moyennant le dépôt des dites marques au *Bureau international de l'Union à Berne*. Ce dépôt est fait par l'entremise de l'administration dudit pays d'origine. L'enregistrement, la publicité, le renouvellement du dépôt sont laissés aux soins du bureau de Berne qui prélève, en plus de la

---

(1) L'union restreinte constituée par cet arrangement comprend les Etats suivants : Brésil, Espagne, France, Grande-Bretagne, Portugal, Suisse et Tunisie, auxquels il faut ajouter les colonies respectives des Etats adhérents désignés plus haut comme participant à l'Union générale de 1883.

taxe réclamée par le pays d'origine, un émolument international de cent francs par marque, et la protection résultant de cet enregistrement dure vingt années, à moins que la marque déposée ne jouisse plus de la protection légale dans son pays d'origine.

L'*Union* garantit également la protection du nom commercial, sans aucune obligation de dépôt.

Telle est, en résumé, l'économie de la Convention.

Si on la compare avec les tentatives faites par certains Etats, comme par l'Autriche qui a traité avec seize autres Etats, relativement aux marques de marchandises, on est frappé de la supériorité incontestable du traité d'Union sur ces Conventions particulières où manquent les principes et qui, rédigées de manière confuse, donnent naissance à des doutes et à des malentendus.

La convention de l'*Union* n'est malheureusement pas encore assez connue. Cependant, depuis 1893, les enregistrements internationaux s'accroissent assez régulièrement, et s'ils n'ont pas encore pris le développement attendu, c'est parce que les commerçants n'ont pas encore eu le temps de s'habituer à cette institution et d'en apprécier toute la portée. La vulgarisation se fera d'elle-même par les services que rendra l'enregistrement international aux commerçants qui l'ont utilisé et dont les effets viendront à la connaissance des concurrents.

La Convention de Paris, révisée à Madrid, n'est pas encore parfaite ; elle a eu ses détracteurs, et des critiques acerbes ont été dirigées contre elle. Ces critiques formulées aujourd'hui comme hier ont été victorieusement combattues dans cette enceinte par M. Florence Walbaum à la date du 23 mars 1883, et votre Compagnie a pris une délibération qui ne laisse aucun doute sur les avantages qu'elle attribuait à l'*Union*. Vous avez compris que des modifications ne cesseraient d'être apportées, à la suite de l'expérience de son fonctionnement, et c'est à cette œuvre que travailleront les plénipotentiaires réunis à Bruxelles en Décembre prochain.

C'est afin de leur faire connaître les besoins et les espérances du commerce et de l'industrie que l'Association internationale s'est réunie à Vienne, et pour vous faire mieux saisir le sens et la portée des modifications proposées par ses membres, il y a lieu de remettre sous vos yeux le texte intégral de la Convention de Paris et des arrangements qui l'ont suivie. Vous verrez avec quelle prudence, quel esprit rigoureux de conciliation on a procédé afin de recueillir l'adhésion des nations encore éloignées de l'*Union*.

Texte de la Convention pour la protection de la propriété industrielle.

Paris, 6 Mars 1883.

Convention pour la protection de la propriété industrielle

ARTICLE PREMIER.

Les Gouvernements de la Belgique, du Brésil, de l'Espagne, de la France, du Guatémala, de l'Italie, des Pays-Bas, du Portugal, du Salvador, de la Serbie et de la Suisse sont constitués, à l'état d'Union, pour la protection de la Propriété industrielle.

ART. 2.

Les sujets ou citoyens de chacun des Etats contractants jouiront, dans tous les autres Etats de l'Union, en ce qui concerne les brevets d'invention, les dessins ou modèles industriels, les marques de fabrique ou de commerce et le nom commercial, des avantages que les lois respectives accordent actuellement ou accorderont par la suite aux nationaux.

En conséquence, ils auront la même protection que ceux-ci et le même recours légal contre toute atteinte portée à leurs droits, sous réserve de l'accomplissement des formalités et des conditions imposées aux nationaux par la législation intérieure de chaque Etat.

ART. 3.

Sont assimilés aux sujets ou citoyens des Etats contractants les sujets ou citoyens des Etats ne faisant pas partie de l'Union qui sont domiciliés ou ont des établissements industriels ou commerciaux sur le territoire de l'un des Etats de l'Union.

Art. 4.

Celui qui aura régulièrement fait le dépôt d'une demande de brevet d'invention, d'un dessin ou modèle industriel, d'une marque de fabrique ou de commerce, dans l'un des Etats contractants, jouira, pour effectuer le dépôt dans les autres Etats, et sous réserve des droits des tiers, d'un droit de priorité pendant les délais déterminés ci-après.

En conséquence, le dépôt ultérieurement opéré dans l'un des autres Etats de l'Union, avant l'expiration de ces délais, ne pourra être invalidé par des faits accomplis dans l'intervalle, soit, notamment, par un autre dépôt, par la publication de l'invention ou son exploitation par un tiers, par la mise en vente d'exemplaires du dessin ou du modèle, par l'emploi de la marque.

Les délais de priorité mentionnés ci-dessus seront de six mois pour les brevets d'invention, et de trois mois pour les dessins ou modèles industriels, ainsi que pour les marques de fabrique, ou de commerce. Ils seront augmentés d'un mois pour les pays d'outremer.

Art. 5.

L'introduction par le breveté, dans le pays où le brevet a été délivré, d'objets fabriqués dans l'un ou l'autre des Etats de l'Union, n'entraînera pas la déchéance.

Toutefois, le breveté restera soumis à l'obligation d'exploiter son brevet conformément aux lois du pays où il introduit les objets brevetés.

Art. 6.

Toute marque de fabrique ou de commerce régulièrement déposée dans le pays d'origine sera admise au dépôt et protégée telle quelle dans tous les autres pays de l'Union.

Sera considéré comme pays d'origine le pays où le déposant a son principal établissement.

Le dépôt pourra être refusé, si l'objet pour lequel il est demandé est considéré comme contraire à la morale ou à l'ordre public.

Art. 7.

La nature du produit sur lequel la marque de fabrique ou de commerce doit être apposée ne peut, dans aucun cas, faire obstacle au dépôt de la marque.

Art. 8.

Le nom commercial sera protégé dans tous les pays de l'Union sans obligation de dépôt, qu'il fasse ou non partie d'une marque de fabrique ou de commerce.

Art. 9.

Tout produit portant illicitement une marque de fabrique ou de commerce, ou un nom commercial, pourra être saisi à l'importation dans ceux des Etats de l'Union dans lesquels cette marque ou ce nom commercial ont droit à la protection légale.

La saisie aura lieu à la requête soit du ministère public, soit de la partie intéressée, conformément à la législation intérieure de chaque Etat.

Art. 10.

Les dispositions de l'article précédent seront applicables à tout produit portant faussement, comme indication de provenance, le nom d'une localité déterminée, lorsque cette indication sera jointe à un nom commercial fictif ou emprunté dans une intention frauduleuse.

Est réputé partie intéressée tout fabricant ou commerçant engagé dans la fabrication ou le commerce de ce produit, et établi dans la localité faussement indiquée comme provenance.

Art. 11.

Les Hautes Parties contractantes s'engagent à accorder une protection temporaire aux inventions brevetables, aux dessins ou modèles industriels, ainsi qu'aux marques de fabrique ou de commerce, pour les produits qui figureront aux Expositions internationales officielles ou officiellement reconnues.

Art. 12.

Chacune des Hautes Parties contractantes s'engage à établir un service spécial de la Propriété industrielle et un dépôt central pour la communication au public des brevets d'invention, des dessins ou modèles industriels et des marques de fabrique ou de commerce.

Art. 13.

Un office international sera organisé sous le titre de *Bureau international de l'Union pour la protection de le Propriété industrielle*.

Ce Bureau, dont les frais seront supportés par les Administrations de tous les Etats contractants, sera placé sous la haute autorité de l'Administration supérieure de la Confédération suisse, et fonctionnera sous sa surveillance. Les attributions en seront déterminées d'un commun accord entre les Etats de l'Union.

Art. 14.

La présente Convention sera soumise à des révisions périodiques en vue d'y introduire les améliorations de nature à perfectionner le système de l'Union.

A cet effet, des Conférences auront lieu successivement, dans l'un des Etats contractants, entre les Délégués des dits Etats.

La prochaine réunion aura lieu en 1885, à Rome.

Art. 15.

Il est entendu que les Hautes Parties contractantes se réservent respectueusement le droit de prendre séparément, entre elles, des arrangements particuliers pour la protection de la Propriété industrielle, en tant que ces arrangements ne contreviendraient point aux dispositions de la présenre Convention.

Art. 16.

Les Etats qui n'ont point pris part à la présente Convention seront admis à y adhérer sur leur demande.

Cette adhésion sera notifiée par la voie diplomatique au Gouvernement de la Confédération suisse, et par celui-ci à tous les antres.

Elle emportera, de plein droit, accession à toutes les clauses et admission à tous les avantages stipulés par la présente Convention.

Art. 17.

L'exécution des engagements réciproques contenus dans la présente Convention est subordonnée, en tant que de besoin, à l'accomplissement des formalités et règles établies par les lois constitutionnelles de celles des Hautes Parties contractantes qui sont tenues d'en provoquer l'application, ce qu'elles s'obligent à faire dans le plus bref délai possible.

Art. 18.

La présente Convention sera mise à exécution dans le délai d'un mois à partir de l'échange des ratifications et demeurera en vigueur pendant un temps indéterminé, jusqu'à l'expiration d'une année à partir du jour où la dénonciation en sera faite.

Cette dénonciation sera adressée au Gouvernement chargé de recevoir les adhésions. Elle ne produira son effet qu'à l'égard de l'Etat qui l'aura faite, la Convention restant exécutoire pour les autres Parties contractantes.

Art. 19.

La présente Convention sera ratifiée, et les ratifications en seront échangées à Paris, dans le délai d'un an au plus tard.

En foi de quoi, les Plénipotentiaires respectifs l'ont signée et y ont apposé leurs cachets.

Protocole de Clôture

Au moment de procéder à la signature de la Convention conclue, à la date de ce jour, entre les Gouvernements de la Belgique, du Brésil, de l'Espagne, de la France, du Guatémala, de l'Italie, des Pays-Bas, du Portugal, du Salvador, de la Serbie et de la Suisse, pour la protection de la Propriété industrielle, les Plénipotentiaires soussignés sont convenus de ce qui suit :

1° Les mots *Propriété industrielle* doivent être entendus dans leur acception la plus large, en ce sens qu'ils s'appliquent non seulement aux produits de l'industrie proprement dite, mais également aux produits de l'agriculture (vins, grains, fruits, bestiaux, etc.) et aux produits minéraux livrés au commerce (eaux minérales, etc).

2° Sous le nom de *Brevets d'invention* sont comprises les diverses espèces de brevets industriels admises par les législations des Etats contractants, telles que brevets d'importation, brevets de perfectionnement, etc.

3° Il est entendu que la disposition finale de l'article 2 de la Convention ne porte aucune atteinte à la législation de chacun des Etats contractants, en ce qui concerne la procédure suivie devant les tribunaux et la compétence de ces tribunaux.

4° Le paragraphe 1er de l'article 6 doit être entendu en ce sens qu'aucune marque de fabrique ou de commerce ne pourra être exclue de la protection dans l'un des Etats de l'Union par le fait seul qu'elle ne satisferait pas, au point de vue des signes qui la composent, aux conditions de la législation de cet Etat, pourvu qu'elle satisfasse, sur ce point, à la législation du pays d'origine et qu'elle ait é.é, dans ce dernier pays, l'objet d'un *dépôt régulier*. Sauf cette exception, qui ne concerne que la forme de la marque, et sous réserve des dispositions des autres articles de la Convention, la législation intérieure de chacun des Etats recevra son application.

Pour éviter toute fausse interprétation, il est entendu que l'usage des armoiries publiques et des décorations peut être considéré comme contraire à l'ordre public, dans le sens du paragraphe final de l'article 6.

5° L'organisation du service spécial de la Propriété industrielle mentionné à l'article 12 comprendra, autant que possible, la publication, dans chaque Etat, d'une feuille officielle périodique.

6° Les frais communs du Bureau international institué par l'article 13 ne pourront, en aucun cas, dépasser, par année, une somme totale représentant une moyenne de 2,000 francs par chaque Etat contractant.

Pour déterminer la part contributive de chacun des Etats dans cette somme totale des frais, les Etats contractants et ceux qui adhéreraient ultérieurement à l'Union seront divisés en six classes contribuant chacune dans la proportion d'un certain nombre d'unités, savoir :

1re classe	25 unités.
2e »	20 »
3e »	15 »
4e »	10 »
5e »	5 »
6e »	3 »

Ces coefficients seront multipliés par le nombre des Etats de chaque classe, et la somme des produits ainsi obtenus fournira le nombre d'unités par lequel la dépense totale doit être divisée. Le quotient donnera le montant de l'unité de dépense.

Les Etats contractants sont classés ainsi qu'il suit, en vue de la répartition des frais :

1re classe	France, Italie.
2e »	Espagne.
3e »	Belgique, Brésil. Portugal, Suisse.
4e »	Pays-Bas.
5e »	Serbie.
6e »	Guatémala, Salvador.

L'Administration suisse surveillera les dépenses du Bureau international, fera les avances nécessaires et établira le compte annuel, qui sera communiqué à toutes les autres Administrations.

Le Bureau international centralisera les renseignements de toute nature relatifs à la protection de la Propriété industrielle et les réunira en une statistique générale qui sera distribuée à toutes les Administrations. Il procédera aux études d'utilité commune intéressant l'Union et rédigera, à l'aide des documents qui seront mis à sa disposition par les diverses Administrations, une feuille périodique, en langue française, sur les questions concernant l'objet de l'Union.

Les numéros de cette feuille, de même que tous les documents publiés par le Bureau international, seront répartis entre les Administrations des Etats de l'Union, dans la proportion du nombre des unités contributives ci-dessus mentionnées. Les exemplaires et documents supplémentaires qui seraient réclamés, soit par les dites Administrations soit par des sociétés ou des particuliers, seront payés à part.

Le Bureau international devra se tenir en tout temps à la disposition des membres de l'Union, pour leur fournir, sur les questions relatives au service international de la Propriété industrielle, les renseignements spéciaux dont ils pourraient avoir besoin.

L'Administration du pays où doit siéger la prochaine Conférence préparera, avec le concours du Bureau international, les travaux de cette Conférence.

Le directeur du Bureau international assistera aux séances des Conférences et prendra part aux discussions sans voix délibérative. Il fera sur sa gestion, un rapport annuel qui sera communiqué à tous les membres de l'Union.

La langue officielle du Bureau international sera la langue française.

7° Le présent Protocole de clôture, qui sera ratifié en même temps que la Convention conclue à la date de ce jour, sera considéré comme faisant partie intégrante de cette Convention et aura mêmes force, valeur et durée.

Conférence de Rome

Conformément à l'art. 14 de la Convention, une Conférence de révision eut lieu à Rome en 1886. On y vota des modifications à l'art. 5 et à l'art. 10 et un règlement d'exécution ; mais ces dispositions, dont les plus importantes n'avaient été votées qu'après une vive discussion et à une petite majorité, ne furent pas ratifiées.

Conférence de Madrid

La seconde Conférence de révision, tenue à Madrid en 1890, eut une réussite plus heureuse On eut l'ingénieuse idée de diviser les propositions adoptées, en 4 protocoles distincts : l'un n'est pas entré en vigueur, les principaux Etats s'étant refusés à la ratification ; mais les trois autres ont été ratifiés, les deux premiers par un certain nombre d'Etats qui ont ainsi formé des Unions restreintes ; le 3e, qui concerne la dotation du Bureau international de Berne, a été ratifié par tous les Etats sauf la Serbie et la République dominicaine, faute de l'unanimité des ratifications, il reste encore en suspend.

Les deux arrangements entrés en vigueur sont ainsi conçus :

Arrangement concernant la répression des fausses indications de provenance sur les marchandises

Conclu à Madrid le 14 avril 1891 (1).

ARTICLE PREMIER

Tout produit portant une fausse indication de provenance dans laquelle un des Etats contractants, ou un lieu situé dans l'un d'entre eux, serait, directement ou indirectement, indiqué comme pays ou comme lieu d'origine, sera saisi à l'importation dans chacun desdits Etats.

La saisie pourra aussi s'effectuer dans l'Etat où la fausse indication de provenance aura été apposée, ou dans celui où aura été introduit le produit muni de cette fausse indication.

Si la législation d'un Etat n'admet pas la saisie à l'importation, cette saisie sera remplacée par la prohibition d'importation.

Si la législation d'un Etat n'admet pas la saisie à l'intérieur, cette saisie sera remplacée par les actions et moyens que la loi de cet Etat assure en pareil cas aux nationaux.

ART. 2.

La saisie aura lieu à la requête soit du ministère public, soit d'une partie intéressée, individu ou société, conformément à la législation intérieure de chaque Etat.

Les autorités ne seront pas tenues d'effectuer la saisie en cas de transit.

ART. 3.

Les présentes dispositions ne font pas obstacle à ce que le vendeur indique son nom ou son adresse sur les produits venant d'un pays différent de celui de la vente ; mais dans ce cas, l'adresse ou le nom doit être accompagné de l'indication précise et en caractères apparents du pays ou du lieu de fabrication ou de production.

ART. 4.

Les tribunaux de chaque pays auront à décider quelles sont les appellations qui, à raison de leur caractère générique, échappent aux dispositions du présent arrangement, les appellations régionales de provenance des produits vinicoles n'étant cependant pas comprises dans la réserve statuée par cet article.

ART. 5.

Les Etats de l'Union pour la protection de la propriété industrielle qui n'ont pas pris part au présent arrangement seront admis à y adhérer sur leur demande et dans la forme prescrite par l'article 16 de la Convention du 20 mars 1883 pour la protection de la propriété industrielle.

ART. 6.

Le présent arrangement sera ratifié, et les ratifications en seront échangées à Madrid dans le délai de six mois au plus tard.

Il entrera en vigueur un mois à partir de l'échange des ratifications (2) et aura la même force et durée que la Convention du 20 mars 1883.

---

(1) L'Union restreinte, constituée par cet arrangement, comprend les Etats suivants : Brésil, Espagne, France, Grande-Bretagne, Portugal, Suisse et Tunisie. — Cet arrangement est applicable, en outre, dans les colonies respectives des Etats adhérents, désignés comme participant à l'Union générale de 1883.

(2) Cet échange a eu lieu le 15 juin 1882.

Arrangement concernant l'enregistrement International des Marques de fabrique et de commerce

Conclu à Madrid le 14 avril 1891 (1).

ARTICLE PREMIER.

Les sujets ou citoyens de chacun des Etats contractants pourront s'assurer, dans tous les autres Etats, la protection de leurs marques de fabrique ou de commerce acceptées au dépôt dans le pays d'origine, moyennant le dépôt des dites marques au Bureau international, à Berne, fait par l'entremise de l'Administration du dit pays d'origine.

ART. 2.

Sont assimilés aux sujets ou citoyens des Etats contractants les sujets ou citoyens des Etats n'ayant pas adhéré au présent Arrangement qui satisfont aux conditions de l'article 3 de la Convention.

ART. 3.

Le Bureau international enregistrera immédiatement les marques déposées conformément à l'article premier. Il notifiera cet enregistrement aux Etats contractants. Les marques enregistrées seront publiées dans un supplément au journal du Bureau international, au moyen soit d'un dessin, soit d'une description présentée en langue française par le déposant.

En vue de la publicité à donner dans les divers Etats aux marques ainsi enregistrées, chaque Administration recevra gratuitement du Bureau international le nombre d'exemplaires de la susdite publication qu'il lui plaira de demander.

ART. 4.

A partir de l'enregistrement ainsi fait au Bureau international, la protection dans chacun des Etats contractants sera la même que si la marque y avait été directement déposée.

ART. 5.

Dans les pays où leur législation les y autorise, les Administrations auxquelles le Bureau international notifiera l'enregistrement d'une marque auront la faculté de déclarer que la protection ne peut être accordée à cette marque sur le territoire.

Elles devront exercer cette faculté dans l'année de la notification prévue par l'article 3.

Ladite déclaration ainsi notifiée au Bureau international sera par lui transmise sans délai à l'Administration du pays d'origine et au propriétaire de la marque. L'intéressé aura les mêmes moyens de recours que si la marque avait été par lui directement déposée dans le pays où la protection est refusée.

ART. 6

La protection résultant de l'enregistrement au Bureau international durera 20 ans à partir de cet enregistrement, mais ne pourra être invoquée en faveur d'une marque qui ne jouirait plus de la protection légale dans le pays d'origine.

ART. 7.

L'enregistrement pourra toujours être renouvelé suivant les prescriptions des articles 1er et 3.

Six mois avant l'expiration du terme de protection, le Bureau inter-

---

(1) L'Union restreinte constituée par cet Arrangement comprend les Etats suivants : Belgique, Brésil, Espagne, France, Italie, Pays-Bas, Portugal, Suisse et Tunisie.

Cet Arrangement est applicable, en outre, dans les colonies respectives des Etats adhérents, désignées comme participant à l'Union générale de 1883.

national donnera un avis officieux à l'Administration du pays d'origine es
au propriétaire de la marque.

Art. 8.

L'administration du pays d'origine fixera à son gré et percevra à son
profit une taxe qu'elle réclamera du propriétaire de la marque dont
l'enregistrement international est demandé.

A cette taxe s'ajoutera un émolument international de 100 francs, dont
le produit annuel sera réparti par parts égales entre les Etats contractants
par les soins du Bureau international, après déduction des frais communs
nécessités par l'exécution de cet Arrangement.

Art. 9.

L'Administration du pays d'origine notifiera au Bureau international
les annulations, radiations, renonciations, transmissions et autres changements qui se produiront dans la propriété de la marque.

Le bureau international enregistrera ces changements, les notifiera
aux Administrations contractantes et les publiera aussitôt dans son
journal.

Art. 10.

Les Administrations régleront d'un commun accord les détails relatifs
à l'exécution du présent Arrangement.

Art. 11.

Les Etats de l'Union pour la protection de la propriété industrielle qui
n'ont pas pris part au présent Arrangement, seront admis à y adhérer
sur leur demande, et dans la forme prescrite par l'article 19 de la Convention du 20 mars 1883 pour la protection de la propriété industrielle.

Dès que le Bureau international sera informé qu'un Etat a adhéré au
présent Arrangement, il adressera à l'Administration de cet Etat, conformément à l'article 3, une notification collective des marques qui, à ce
moment, jouissent de la protection internationale.

Cette notification assurera par elle-même aux dites marques le bénéfice
des précédentes dispositions sur le territoire de l'Etat adhérent et fera
courir le délai d'un an pendant lequel l'Administration intéressée peut
faire la déclaration prévue par l'article 5.

Art. 12.

Le présent Arrangement sera ratifié, et les ratifications en seront
échangées à Madrid dans le délai de six mois au plus tard.

Il entrera en vigueur un mois à partir de l'échange des ratifications (1)
et aura la même force et durée que la Convention du 20 mars 1883.

Protocole de Clôture

Au moment de procéder à la signature de l'Arrangement concernant
l'enregistrement international des marques de fabrique ou de commerce,
conclu à la date de ce jour, les plénipotentiaires des Etats qui ont
adhéré audit Arrangement sont convenus de ce qui suit :

Des doutes s'étant élevés au sujet de la portée de l'article 5, il est
bien entendu que la faculté de refus que cet article laisse aux Administrations ne porte aucune atteinte aux dispositions de l'article 6 de la
Convention du 20 mars 1883 et du paragraphe 4 du Protocole de clôture
qui l'accompagne, ces dispositions étant applicables aux marques déposées
au Bureau international, comme elles l'ont été et le seront encore à
celles déposées directement dans tous les pays contractants.

Le présent Protocole aura la même force et durée que l'Arrangement
auquel il se rapporte.

---

(1) Cet échange a eu lieu le 15 juin 1892,

Examen des Propositions à soumettre à la prochaine Conférence de Révision

L'opportunité de l'examen des propositions faites pour assurer le parfait fonctionnement et le développement de l'*Union internationale* s'imposait, et de nombreux rapports furent soumis au Congrès, tendant soit au règlement des relations internationales en dehors de l'*Union*, soit au remaniement des législations intérieures. L'assemblée crut devoir voter immédiatement celles qui n'étaient pas susceptibles d'une longue discussion, renvoyant les autres au Congrès ultérieur qui aura lieu à Londres l'an prochain. Mais en outre des rapports présentés en vue du Congrès, il y avait lieu d'étudier aussi les principaux travaux rédigés sur la matière, ainsi que les documents élaborés par le Bureau de Berne pour la Conférence diplomatique de Bruxelles.

Avec une prudence qu'on ne saurait trop louer, l'attention des congressistes ne se porta que sur les modifications essentielles, car il valait mieux écarter pour l'instant les questions sur lesquelles l'accord était irréalisable et s'en remettre à la sagesse du bureau de Berne et des délégués des Gouvernements pour les simples remaniements de rédaction.

Seules les questions qui semblaient à peu près mûres pour une entente des Etats contractants ont donc donné lieu à un examen approfondi et à un vote. Parmi elles je passerai en revue, le plus brièvement possible, celles qui ont plus particulièrement trait aux marques de fabrique ou de commerce, c'est-à-dire celles qui intéressent notre région.

Assimilation des Sujets et des Citoyens des Etats non contractants

L'article 3 de la Convention de Paris assimile aux nationaux les sujets ou citoyens des Etats ne faisant pas partie de l'*Union*, mais qui sont domiciliés ou qui possèdent des Etablissements industriels ou commerciaux sur le territoire de l'un des Etats de l'*Union*. Le Congrès a jugé que l'on devait préciser le genre d'établissement qui serait appelé à jouir du bénéfice de la Convention afin d'éviter qu'une succursale puisse être confondue avec le principal établissement et il a adopté la rédaction suivante :

« Qui est domicilié ou possède son *principal* « établissement industriel, ou commercial, sur le « territoire de l'un des Etats de l'*Union*. »

Les Etats auront ainsi tout intérêt à adhérer à la Convention pour éviter que les industriels ne transportent leur principal établissement dans les seuls Etats de l'*Union* et que les inventeurs s'y fixent.

La protection internationale qui assimile aux nationaux les sujets ou citoyens des Etats contractants, ainsi que ceux des ressortissants des autres Etats qui sont domiciliés ou ont des établissements industriels ou commerciaux sur le territoire de l'un des Etats de l'*Union*, ne suffit pas cependant à assurer aux propriétaires de marques une protection suffisante à cause de la diversité des législations nationales.

En France, en Italie, par exemple, l'enregistrement de la marque ne procure aucun droit au déposant, si un autre a fait usage avant lui de la même marque pour les produits de la même espèce ; en Allemagne, en Suède, en Norwège, la marque appartient au premier déposant. Or il est arrivé que des concurrents peu scrupuleux se sont hâtés de déposer en leur propre nom, dans les pays où ce système est en vigueur, les marques nouvelles qu'une maison renommée venait de déposer dans son pays d'origine, et ils ont été mis à même de faire à cette maison une concurrence déloyale au moyen de ses propres marques.

Il ne pouvait être question d'obliger les Etats où le dépôt est attributif de propriété à molifier la base de leur législation et la Convention s'appliqua à trouver un moyen pour procurer aux intéressés le temps nécessaire pour déposer leurs marques dans tous les Etats de l'*Union* sans qu'un tiers pût les prévenir. Ce moyen réside dans la stipulation d'un délai de priorité qui permet aux déposants de marques nouvelles de faire valoir leurs droits sur ces dernières dans les autres pays sans que ces droits puissent être menacés par le dépôt d'imitation de ces marques antérieures. Ce délai est actuellement de trois mois avec augmentation d'un mois pour les pays d'Outre-Mer.

Le Congrès a pensé qu'il n'y aurait aucun inconvénient si certains Etats le réclamaient avec insistance à régler ainsi la durée de ce délai de priorité :

« *Le délai de priorité pour les marques aura comme point de départ la date de la première demande et s'achèvera trois mois après l'enregistremeut accepté dans le pays où cette demande aura été faite.* »

Suppression des Délais spéciaux aux Pays d'Outre-Mer

Par l'article 4 de la Convention, les délais de priorité avaient été augmentés d'un mois pour les pays d'Outre-Mer et des doutes s'étaient élevés sur cette expression « *d'Outre-Mer* ».

La Conférence de Madrid s'était exprimée ainsi :

« Relativement aux Etats de l'Union situés en Europe,
sont considérés comme pays d'Outre-Mer, les pays
extra-européens qui ne sont pas riverains de la
Méditerranée. »

Ces mêmes difficultés peuvent se présenter relativement aux pays extra-européens. On s'est demandé
s'il serait plus simple de supprimer la distinction entre
les pays d'Outre-Mer et les autres, et de faire l'unification sur les délais maxima déjà acceptés par le
Danemark, la Norwège, la Suède et la Suisse.

Afin de ne point préjuger la durée des délais, le
Congrès a formulé la proposition suivante : *il y a lieu
de supprimer dans l'article 4 de la Convention les délais
spéciaux aux pays d'Outre-Mer.*

Admission des Marques telles qu'elles ont été enregistrées dans le Pays d'origine

L'article 6 de la Convention de Paris et le chiffre 4
du protocole de clôture sont relatifs à l'admission des
marques telles qu'elles ont été enregistrées dans le
pays d'origine. La protection leur est assurée pourvu
qu'elles ne soient pas contraires à l'ordre public.

Cet article a donné lieu à un débat intéressant.
M. Fray Godet, de Berne, a interprété cet article en ce
sens que si les Etats ne peuvent refuser une marque
unioniste pour le seul fait de sa configuration exté-
rieure, ils ne peuvent refuser par application du 4ᵉ alinéa
de l'article 6 non seulement les marques munies
d'inscriptions révolutionnaires ou celles qui, sans auto-
risation, portent des armoiries publiques (alin. 3 du
chif. 4 du protocole de clôture) mais aussi les marques
qui, tout en ayant l'apparence d'une dénomination de
fantaisie, consistent en une désignation nouvelle du

produit ou en termes descriptifs de ce dernier, et celles qui sont plus ou moins propres à induire en erreur.

M. Georges Mailliard, le rapporteur général, lui répond ainsi :

« Cette interprétation ne nous paraît pas complè-
« tement exacte. Qu'une marque, propre à tromper le
« public et constituant un délit de droit commun, ne
« puisse être imposée à l'enregistrement en vertu de
« l'article 6, soit, c'est bien une marque contraire à
« l'ordre public. Qu'il appartienne à l'autorité compé-
« tente, dans chaque pays, de trancher les questions de
« priorité et de déterminer si les priorités sont tellement
« nombreuses que la marque était en réalité devenue
« usuelle avant l'appropriation légale dans le pays
« d'origine, soit encore, pourvu que l'on tienne compte
« des droits acquis dans le pays d'origine et qui n'ont
« pu être compromis par des usurpations dans les
« autres pays.

« Mais refuser le dépôt d'une dénomination parce
« qu'elle est description du produit, donc parce qu'elle
« n'est pas conforme à la conception juridique que la
« législation nationale a de la marque, c'est contraire
« au principe posé par l'article 6 de la Convention.

« Ce qu'on a voulu, c'est précisément qu'une
« marque unioniste ne pût être refusée par un motif de
« droit par suite de divergence entre les législations
« sur ce qu'il faut entendre par marque de fabrique ou
« de commerce.

« On a voulu que le signe qui servait à distinguer,
« dans le pays d'origine, les produits d'une fabrique
« ou d'un commerce gardât ce caractère et eût pro-
« tection assurée dans tous les pays de l'*Union*, que
« devant lui les barrières qui séparent les peuples
« fussent abaissées. »

M. Georges Maillard donne ensuite un résumé de

la discussion qui s'est élevée entre les plénipotentiaires et les délégués au Congrès international de Paris, de laquelle il résulte que le principe adopté en 1880 est donc bien que *la marque ne pourra être refusée à l'enregistrement par un Etat pour non conformité avec la législation intérieure*, pourvu qu'elle ait été déposée régulièrement dans le pays d'origine ; puis examinant le chiffre 4 du protocole de clôture il démontre qu'il a pour but de remédier à la mauvaise rédaction de l'article 6 qui, tel qu'il était écrit, conduisait à des conséquences excessives.

Puis, précisant les raisons qui militent en faveur du remaniement de l'article 6, le Rapporteur général s'exprime ainsi :

« Les conditions intrinsèques d'existence d'une
« marque doivent être déterminées d'après la loi du
« pays d'origine, c'est cette loi qui préside à la consti-
« tution de la marque qui règle ce qu'on a justement
« appelé la *statut* de la marque ; partout où elle ira elle
« conservera son statut personnel de manière à n'avoir
« à subir aucune modification pour être protégée dans
« les autres pays de l'*Union*, si elle n'est pas contraire
« à la morale et aux règles générales d'ordre public.

« Lorsque le propriétaire d'une marque voudra
« faire reconnaître sa propriété dans le ressort de
« l'*Union*, il n'aura donc qu'à accomplir les formalités,
« simplifiées du reste par l'enregistrement international.
« On ne pourra pas lui refuser l'enregistrement pour
« des raisons ayant trait à *l'essence* de la marque, à son
« *caractère constitutif* : pour prouver que sa marque
« était bien conforme à la législation du pays d'origine,
« il lui suffira d'établir qu'elle a été enregistrée dans
« ce pays.

« Dans les pays à examen préalable, l'Administra-
« tion et, dans tous, les tribunaux pourront déterminer

« si la marque n'est pas contraire à la morale ou aux
« règles générales d'ordre public et si le déposant a
« bien la priorité de sa marque. Seulement ils devront
« examiner cette dernière question d'après la loi du
« pays d'origine et se placer pour atteindre la priorité,
« au jour où le déposant s'est valablement approprié sa
« marque dans son pays, par conséquent au jour de
« l'emploi si c'est un pays où le dépôt n'est que
« déclaratif, au jour du dépôt si c'est un pays où le
« dépôt est attributif. Ce jour-là la marque avait-elle
« été appropriée par un autre ? était-elle déjà usitée
« couramment ? Voilà les seules questions qui se
« poseront.

« Toutefois, pour éviter ce que l'application de ce
« principe aurait de rigoureux dans le cas où deux
« négociants auraient, de bonne foi, employé la même
« marque dans deux pays différents, des réserves
« pourraient être faites dans la Convention. Enfin si la
« priorité échappe au déposant, l'Administration ou les
« tribunaux apprécieront souverainement, au point de
« vue de la loi intérieure, si la marque doit être
« attribuée exclusivement à un contestant national ou
« être considérée comme usuelle.

« En ce qui concerne les armoiries publiques ou les
« décorations, un doute pouvait naître : certains Etats
« estimant qu'il y avait là pour eux une question de
« police supérieure, c'est pourquoi on ajouta encore au
« chiffre 4 du protocole de clôture un dernier alinéa
« destiné à dissiper le doute sur ce point et qui montre
« ce qu'on entendait par « contraire à l'ordre public. »

Le Congrès a adopté la formule suivante pour
l'article 6 en demandant, conformément à ces principes
qui résument la discussion, la suppression du chiffre 4
du protocole de clôture :

Article 6. — Toute marque de fabrique ou de

commerce régulièrement déposée dans le pays d'origine sera admise à l'enregistrement et protégée telle quelle dans tous les autres pays de l'*Union, même si elle n'était pas propre* à constituer une marque *d'après la législation intérieure de ces pays.*

Sera considéré comme pays d'origine, le pays où le déposant a son principal établissement. Si ce principal établissement n'est point situé dans un pays de l'*Union,* sera considéré comme pays d'origine celui auquel appartiendra le déposant.

L'enregistrement pourra être refusé, si *la marque* est considérée comme contraire à la morale ou à l'ordre public.

Pourront être considérées comme contraire à l'ordre public, les marques contenant des armoiries publiques ou des décorations.

Il appartiendra à l'autorité administrative, en cas d'examen préalable, et aux tribunaux de trancher les questions relatives à la priorité de la marque. Mais ils devront déterminer la date d'appropriation et la consécration de la marque d'après la loi du pays d'origine ; l'appropriation ultérieure de la même marque par un ou plusieurs négociants d'un autre État ne pourra porter atteinte aux droits du premier propriétaire, à moins qu'elle n'ait lieu de bonne foi et dans un pays où la marque primitive n'était pas connue. (1)

Répression de la Contrefaçon

L'article 9 de la Convention de Paris autorise la saisie des produits portant illicitement une marque de fabrique ou de commerce. Le Congrès, afin d'assurer la répression dans les pays où la saisie n'est pas admise, a jugé que l'on pourrait, sans difficultés, appliquer à

---

(1) *Les modifications à l'article primitif sont en italique.*

l'article 9 les dispositions complémentaires édictées par l'arrangement sur les fausses indications de provenance, et que l'article 9 devrait être complété par les trois alinéas suivants :

Dans les Etats dont la législation n'admet pas la saisie à l'importation, cette saisie sera remplacée par la prohibition à l'importation.

Dans les Etats dont la législation n'admet pas la saisie à l'intérieur, cette saisie sera remplacée par les actions et moyens que la loi assure en pareil cas aux nationaux.

Les autorités ne sont pas tenues d'effectuer la saisie en cas de transit.

Enregistrement international des Marques

Le Bureau de Berne a proposé une classification des marques, pensant d'abord qu'il serait intéressant pour les commerçants des pays de l'*Union* de pouvoir indiquer, d'après un classement officiel, la classe de marchandises à laquelle s'applique leur marque, et en second lieu dans le but de faciliter les recherches dans le registre international.

Ce tableau de classification n'est pas officiel et les indications des déposants ne correspondent pas toujours exactement à ce tableau.

L'article 68 contient la mention suivante : Vins, vins mousseux, cidres, bières, alcools et eaux-de-vie, liqueurs spiritueuses diverses. Il est certain qu'il eût mieux valu ranger dans une classe différente les liqueurs spiritueuses, les alcools et les eaux-de-vie. Malgré les quelques observations présentées à ce sujet, le Congrès a émis le vœu suivant :

Il est à désirer qu'une classification internationale des produits soit établie.

Substitution de l'Enregistrement international en cas d'Enregistrement national intérieur

Il est arrivé que certains négociants ont déposé leurs marques à l'étranger avant l'Enregistrement international, soit dans l'ignorance de cette institution, et qu'ils ont effectué ensuite l'enregistrement international, et l'on s'est demandé si l'enregistrement international produisait effet dans l'Etat où avait lieu l'enregistrement pur et simple.

Le déposant a intérêt à la réponse affirmative, car elle l'assurerait de la protection uniforme donnée par l'article 6 de la Convention de l'avertissement de renouvellement prévu par l'article 7 et de là simplification des formalités de renouvellement et de transmission.

Il a d'un autre côté tout intérêt à maintenir le premier dépôt qui lui assure plus complètement la priorité.

C'est pourquoi le Congrès, approuvant la proposition de Berne, a demandé l'intercalation d'un nouvel article après l'article 4 de l'arrangement de Madrid ainsi conçu :

Lorsqu'une marque déjà déposée dans un ou plusieurs des Etats contractants a été postérieurement enregistrée par le Bureau international au nom du même titulaire ou de son ayant cause, l'enregistrement international sera considéré comme substitué aux enregistrements nationaux antérieurs, sans préjudice des droits acquis par le fait de ces derniers.

Le Congrès s'est ensuite préoccupé de la délivrance d'extraits du registre international et de la taxe.

Jusqu'alors le Bureau de Berne n'a pu renseigner les intéressés sur les motifs de refus de protection notifiés par les Gouvernements ; il s'est préoccupé

aussi de la taxe qui est exhorbitante en cas de dépôt
simultané de plusieurs marques. C'est pour remédier à
cet état de choses que les deux propositions suivantes
ont été votées :

*Le Bureau international devrait être autorisé à
délivrer à toute personne qui en fera la demande,
moyennant une taxe fixée par le règlement, une copie des
mentions inscrites dans le registre relativement à une
marque déterminée.*

*Le Congrès émet le vœu que l'émolument international
prévu par l'article 8 de l'arrangement de Madrid soit
réduit dans la plus large mesure du possible, notamment
pour les dépôts simultanés de plusieurs marques par un
même propriétaire.*

Expositions universelles

Les Etats adhérents à l'*Union* s'engageaient, par
l'article 11 de la Convention, à accorder une protection
temporaire aux marques de fabrique ou de commerce
pour les produits qui figureraient aux Expositions
internationales officielles ou officieusement reconnues.

Le Bureau de Berne a fait une proposition concernant
l'organisation de la publicité de ces demandes et a
rédigé un règlement. Après en avoir discuté les termes,
le Congrès a pensé qu'il y avait lieu d'ajouter à l'article
11 de la Convention un alinéa ainsi conçu :

*Les demandes de protection temporaire seront publiées
par le Bureau international suivant un règlement
d'exécution qui sera rédigé d'accord avec les Gouvernements
et pourra etre modifié en dehors des Conférences de
révision.*

Concurrence déloyale

Il est fort difficile de faire insérer dès à présent

dans la Convention de Paris une formule précisant ce qu'il faut entendre par concurrence déloyale. Cette formule est encore à trouver, car les Gouvernements ne peuvent engager leur législation intérieure sur une question qui, pour certains pays, est encore aussi neuve.

Il faut attendre que lentement et sous l'action d'un mouvement intérieur, une jurisprudence se crée dans des instances entre nationaux.

Elle s'est formée depuis longtemps non seulement en France, quoi qu'aucune loi particulière ne réprime la concurrence déloyale, et que les tribunaux ne trouvent pour l'atteindre que l'article 1382 du Code civil, mais aussi dans la Grande-Bretagne, aux États-Unis, en Italie et plus récemment en Suisse.

En Angleterre et aux États-Unis, c'est le système de la « Common Law » qui est en vigueur. Il consiste à appliquer à chaque espèce les principes généraux de l'équité, tels qu'ils sont déduits de l'observation et de l'étude des précédentes décisions rendues sur des affaires analogues.

En Suisse, une jurisprudence atteignant la concurrence déloyale s'est peu à peu formée sur l'article 50 du Code fédéral des obligations, analogue à l'article 1382 de notre Code civil. Le tribunal fédéral, en date du 20 mai 1893, a qualifié de déloyale « toute concurrence « qui use de manœuvres répréhensibles pour détourner « a son profit la clientèle d'autrui. »

En Allemagne et en Autriche, on n'a pas la même conception de la concurrence déloyale ; les lois ne renferment dans ces pays que des dispositions destinées à réprimer certains faits nettement déterminés sans poser aucun principe général.

L'Association internationale a donc jugé qu'elle ne devait pas, pour le moment, poursuivre une unification de législation difficile à réaliser ; mais comme il n'existe aucun traité diplomatique concernant la concurrence déloyale, que la Convention de 1883 reste muette à cet égard et que, par conséquent, les commerçants appartenant à l'un des pays de l'*Union* garantis contre l'usurpation de leurs marques, sont sans action pour se faire protéger contre les agissements déloyaux de concurrents étrangers, le Congrès a pensé devoir combler cette lacune en adoptant la proposition suivante :

Il y a lieu d'insérer dans la convention une nouvelle disposition ainsi conçue :

Les ressortissants de la Convention (articles 2 et 5) jouiront dans tous les Etats de l'Union de la protection accordée aux nationaux contre la concurrence déloyale.

Il a également émis les vœux suivants :

Que tous les traités diplomatiques concernant la protection des marques de fabrique et du nom commercial, puis, que le Comité exécutif de l'Association mette à l'étude d'un congrès ultérieur un projet d'unification des législations sur la concurrence déloyale et les diverses tromperies sur les marchandises.

Enfin, et à cause de la situation particulière faite aux négociants en Allemagne, le Congrès a chargé le Comité exclusif de l'Association du soin d'obtenir que le gouvernement allemand *assure le bénéfice de la loi du 1er Juin 1891 sur les modèles d'utilité, et de la loi du 27 Mai 1896 sur la concurrence déloyale aux ressortissants des Etats qui accordent en fait la réciprocité aux ressortissants de l'Allemagne.*

La grande étendue du sujet que j'ai eu à traiter, et la crainte de donner à mon compte-rendu des dimensions trop considérables, m'ont empêché d'entrer dans des détails. Je ne puis le terminer cependant sans adresser mes remerciements à M. Georges Maillard, avocat à la Cour d'appel de Paris, l'éminent rapporteur général de la session, auquel j'ai fait de larges emprunts dans l'intérêt de la clarté et de la précision de l'exposé que j'avais à vous faire. Je ne vous parlerai pas, Messieurs, du cordial accueil que votre représentant, ainsi que ses collègues, ont reçu à Vienne de la Municipalité ; des égards particulièrement flatteurs dont Mᵉ Pouillet, l'éminent bâtonnier des avocats de Paris, vice-président de l'Association, a été l'objet de la part des congressistes ; ni de la cordialité qui n'a cessé d'exister entre les Membres de l'Association internationale : cela m'entraînerait trop loin.

Qu'il vous suffise de savoir que c'est le cœur rempli d'émotion et avec une véritable sincérité que les Membres de l'Association internationale, venus de tous les coins du Globe, en se séparant, se sont dit non pas adieu mais au revoir, à Londres, au Congrès de l'an prochain.

Il faut espérer que leurs efforts seront bientôt couronnés de succès et que le mouvement d'opinion créé par eux aura son écho au sein de la Conférence diplomatique de Bruxelles, en décembre prochain.

R. CHANDON

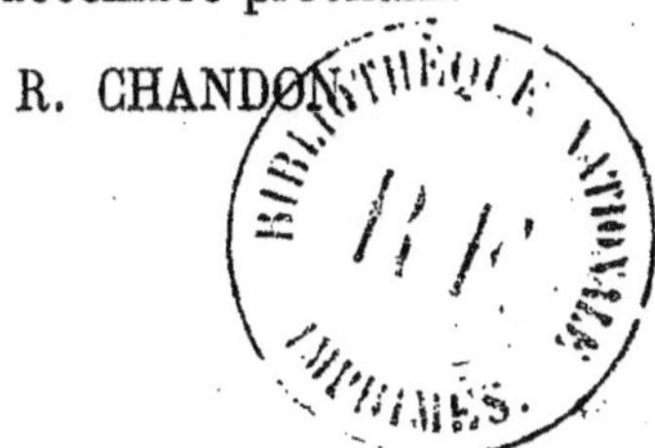

Epernay. — Imprimerie du *Courrier du Nord-Est*.